Mein Weg zu Martin Luther

Anton Ohorn

Alpha Editions

This edition published in 2022

ISBN : 9789356710191

Design and Setting By
Alpha Editions
www.alphaedis.com
Email - info@alphaedis.com

Vorwort.

Die Fülle und Kraft evangelischen Bekennertums ist in der Christenheit in Vergessenheit geraten. Das war Undank gegen Tote und Unrecht gegen Lebende. Wie keine andere Kirche der Welt zählt die evangelische Glaubenszeugen. Ihre Kraft des Leidens und Sterbens muß wieder wirksam werden. Gerade in der äußeren und inneren Not der Gegenwart. Wer den letzten Satz des Lutherliedes singt, der muß wieder inne werden, daß unter ihm Ströme evangelischen Blutes geflossen sind, und wieder lernen, daß das Evangelium, wie es die Kirche Luthers und der anderen Reformatoren in den Mittelpunkt des Glaubenslebens stellt, heute noch wert ist solchen Singens und Darnachhandelns. Singe niemand diesen schweren Satz, der ihn nicht wahr machen wollte in seinem Leben!

Unser Volk und unsere Kirche brauchen Männer und Frauen starken, gottgebundenen Gewissens. Möge sich nach Gottes freundlichem Willen Kraft und Treue tiefen Glaubens entzünden und stärken an solchen, deren Gewissen nirgends Ruhe gefunden als am Quell allen Lebens und allen Heils, wie ihn unsere evangelische Kirche als heiligstes Kleinod weiß.

Der Verlag des
Evangelischen Bundes.

Der Herausgeber:
Professor **Dr. Friedrich Ulmer**.

Im Jahre 1865 trat ich in das Prämonstratenser-Chorherrnstift Tepl bei Marienbad in Böhmen als Novize ein, nicht mit freudigem Herzen einem inneren Drange folgend, sondern unter dem Druck der Verhältnisse und der Wünsche meiner Eltern. Diese waren unbemittelte Leute, die sich außerstande sahen, die Kosten für ein freies Hochschulstudium aufzubringen und zudem in ihrem fromm-katholischen Sinn fest daran glaubten, daß der geistliche Beruf nicht nur der schönste sei, sondern ihrem Sohn und ihnen selbst den Weg zum Himmel zu ebnen vermöge. Im Hause wurde vor und nach jeder Mahlzeit laut gebetet, der tägliche Frühgottesdienst wurde ebenso wie die monatliche Beichte und Kommunion nie versäumt, und ich selbst versah seit meinen Knabentagen bei der Messe den Ministrantendienst und übte denselben ganz ungewöhnlicher Weise bis zu meinem Abgang vom Gymnasium.

Dies war in der Hand von geistlichen Professoren, Mönchen des von Wallenstein gegründeten Klosters, denen aber nachgerühmt werden muß, daß sie frei von jedem Fanatismus waren und ihres Amtes in bester und vorurteilsfreier Weise walteten, und da sie auch wohlgenährt und heiter in die Welt sahen, so lag es nahe, auch in bezug auf leibliches Wohlbefinden und Behagen den Klosterberuf als den besten zu betrachten. Von einer evangelischen Konfession wußte man in der Heimatstadt so gut wie nichts, nur galten ganz allgemein die Protestanten als Ketzer, und ich entsinne mich, daß, als ich, noch Knabe, mit meinem Vater einst durch ein in der Diaspora gelegenes evangelisches Dorf wanderte, ich mich vor den friedlichen Leuten fürchtete im Glauben, daß sie uns überfallen würden.

Ich war im Grunde gedankenlos ins Kloster eingetreten und sollte hier immer wieder manches sehen und erleben, was zum Nachdenken anregte und die idealen Vorstellungen vom Ordensleben immer mehr trübte. Das war wohl zunächst der Fall bei dem Chorgebet. Die Novizen mußten sechsmal des Tages in die Kirche bzw. in das Oratorium gehen und viermal wurden dabei die Horen (Tagzeiten) abgebetet, die in der Hauptsache aus den von sich gegenübersitzenden Ordensleuten alternierend und mit monotoner Schnelligkeit gesprochenen Psalmen bestehen. Der Neuling ist davon wenig angenehm überrascht; es ist kein Beten, dies mechanische Hersagen der lateinischen Worte, bei denen sich wohl keiner etwas denkt, zumal der ganze Vorgang gewohnheitsmäßig wird und beinahe an die Gebetsmühlen des Orients gemahnt. Jede Tageszeit beginnt mit den Worten: »Domine, ad adjuvandum me festina« (Herr, eile mir zu helfen), aber richtiger wäre es, wie auch ein junger Kleriker mir auf mein Befremden scherzweise sagt, zu sprechen: »Domine, ad festinandum me adjuva!« (Herr, hilf mir beim Eilen.) Eine weitere Enttäuschung ergab sich, je mehr man die einzelnen »Brüder« kennen lernte. Das war beinahe eine Sammlung menschlicher Spezialitäten in engem Raume. Da war neben dem behaglichen

Genußmenschen, dem sein Bauch zum Gott geworden, der in seinem Lebenskampf ernst gewordene Mann, der schweigend und einsam einherging und sein Empfinden in tiefster Brust begrub; da schritt, verbissen und verbittert über sich und andere, mit gelber, galliger Miene einer hin, der seinen Geifer über alles ausgoß, und ein anderer, kindlich und kindisch zugleich, übte Torheiten und Lächerlichkeiten. An der Kanzel im Refektorium standen in lateinischer Sprache die Worte: »Wie schön ist's, wenn Brüder in Eintracht wohnen«, und sie konnten manchmal wie eine bittere Ironie erscheinen, denn die »Brüder« lebten nicht immer in Eintracht. Abgesehen von kleinlichem Neid, unverhehlter Mißgunst und Strebertum, was die Eintracht nicht zu fördern vermochte, fand sich sogar offene Feindschaft und finsterer Haß. Hier gab es Brüder, die jahrelang kein Wort wechselten, Rücken gegen Rücken bei Tisch saßen, wenn die Reihenfolge sie verurteilte, Nachbarn zu sein, ja selbst Tätlichkeiten sollen nicht ausgeschlossen gewesen sein. Das enge Beisammenwohnen, der tägliche Verkehr, der Zwang der Regel schleift die Charaktere nicht ab, sondern verschärft ihre Gegensätze. Geringfügige Streitursache, die in der Welt leicht verwunden wird wie ein unbedeutender und verheilender Hautritz, wird eigensinnig weitergesponnen und zu unheilbarem Geschwür.

Für den jungen Novizen sind solche Bilder wenig geeignet, das Ordensleben in freundlichem Lichte erscheinen zu lassen, zumal wenn er sieht, wie Priester mit unbrüderlichem Herzen, ja voll Haß vor den Altar treten und in der Messe den Leib des Herrn genießen, und manches wird fast unbewußt in ihm erschüttert, was er im Kloster erhofft und ersehnt und an das er auf dem Boden der Kirche geglaubt hatte.

Auch manches, was der Glaube fordert, wie beispielsweise die Heiligenverehrung, sah man mit anderen Augen an. So befanden sich in der Kirche auf einem Seitenaltar Reliquien zweier Heiligen, und mitunter knieten wohl auch meist Altmütterchen davor und beteten. Da hatte ich eines Tages, wie es mitunter vorkam, die Aufgabe, fremde Besucher aus Marienbad, die sich während des Sommers häufig einfanden, in Bibliothek, Museum und Kirche herumzuführen und sie auf besondere Sehenswürdigkeiten aufmerksam zu machen. Vor den Reliquien blieben sie stehen, und ein würdiger älterer Herr, wohl aus guten Gesellschaftskreisen, fragte mich durchaus ernst: »Glauben Sie denn wirklich an Wunder, die die Heiligen üben und an ihre Fürbitte beim lieben Gott?« Ich geriet bei der Frage unwillkürlich etwas in Verlegenheit und konnte nur sagen: »Ich trage das Ordenskleid des heiligen Norbert« – aber die Frage kam mir nicht aus dem Sinn. Waren die Heiligen wirklich gleich Gott selbst allgegenwärtig und allwissend, um alle die Gebete, die an den verschiedensten Orten der Welt, und an ihren Gedächtnistagen von Tausenden zugleich, an sie gerichtet wurden, kennenzulernen, geschweige erfüllen bzw. bei Gott Fürbitte leisten zu können? Und waren die Wunder, die in der zweiten Nokturne des Matutinums von dem jeweiligen Tagesheiligen erzählt wurden, wirkliche Geschehnisse oder oft recht fantastische Märchen?

So folgte eine Beunruhigung der anderen, zumal auch manches Persönliche sich unangenehm aufdrängte. Da lernte ich einen alten Pfarrer kennen, der im Kloster im Ruhestand lebte, den seine vormalige Köchin hier aufsuchte, um, wie ich sub rosa von dem Pförtner erfuhr, eine Unterstützung für den gemeinsamen Sohn zu erbitten, und ein geistesschwacher, ja geradezu hirnschelliger Priester, der wohl nicht in diesem Zustande ins Kloster gekommen war, flüsterte mir wiederholt zu, ich möge rechtzeitig das Kloster verlassen. Auch einen tiefunglücklichen Mitnovizen hatte ich, der gleich mir ohne eigentlichen Beruf in den Orden eingetreten war und in Trübsinn und Schwermut dahinlebte, während ich bereits damals in literarischer Beschäftigung Ablenkung und Trost suchte.

Erregend, aber nicht erhebend und seelisch läuternd wirkte auch eine Jesuitenmission. Drei Priester des Ordens S. J. waren für drei Tage in das Stift gekommen. Der Superior war eine mittelgroße Persönlichkeit mit scharfgeschnittenen Zügen, durchdringenden Augen und kurzgeschorenem ergrauten Haar, der zweite, ein Graf Klinckowström, der vordem Offizier gewesen sein soll, eine stattliche, breitschultrige Erscheinung mit einem beinahe jovialen Gesichtsausdruck, und der Dritte war hager und sehnig und hatte im ganzen Wesen etwas Asketisches. Essen und Trinken ließen sich alle drei wohlschmecken. Jeder predigte täglich einmal, so daß wir, zumal die üblichen Gebetszeiten nicht ausfielen, aus dem Gotteshause nicht herauskamen, aber das Zuviel verfehlte auch hier seinen Zweck und machte müde und verstimmt. Der Superior sprach geistvoll und klar, mit bestimmter Tendenz; der Asket predigte heiß mit einem Anhauch von fanatischer Schärfe, die die Seele in ihrer Tiefe aufwühlte, und doch waren es Steine, die er statt Brotes gab. P. Klinckowström zu hören war ein Genuß. Er bot ein geistvolles Feuilleton, frei von jedem gehässigen Einschlag und mit seinem allgemein religiösen Grundton eventuell auch geeignet und anregend für die Bekenner einer anderen Konfession. Zu den Exerzitien waren zahlreiche Brüder von auswärts gekommen; wer immer in der Seelsorge entbehrt werden konnte, war erschienen. Das Refektorium war gefüllt, die Mahlzeiten aber wurden in jenem tiefen Schweigen eingenommen, das überhaupt für die Dauer der Mission Vorschrift war, doch das Schweigen wirkte nicht erhebend, sondern geradezu drückend, und wir Novizen dispensierten uns auch abends davon.

Da es Schwierigkeiten gemacht hatte, alle Brüder unterzubringen, mußten wir Jüngsten unsere Zimmer räumen und wurden gemeinsam in einem größeren Gemache untergebracht. Da es an Bettstellen mangelte, hatte man uns Strohlager bereitet, was uns nicht störte. Bequem war der Aufenthalt nicht; ein Tisch und einige Stühle waren die ganze Einrichtung. Hier saßen wir abends beisammen, und da gab es ein halblautes Schwätzchen, bei dem der heitere Anklang um so weniger fehlte, als die Situation geradezu dazu lockte, denn das Beisammensein mahnte an eine Schneiderwerkstatt, wenn wir flüchtig werdende Knöpfe dingfest machten oder sonstige kleine Reparaturen an Hose und Weste vornahmen; Schlimmes war gewiß nicht dabei, aber der Ernst des Tages wurde abgemildert.

Auch zur Beichte gingen wir bei den Jesuiten. Eine peinliche Gewissensforschung war vorausgegangen, aber auch diese genügte nicht, und der Beichtiger stellte selbst seine Fragen. Er griff in die heimlichsten Winkel der Seele, und manches trieb mir die Schamröte in die Wangen, manches habe ich wohl gar nicht verstanden. Die Buße bestand in Gebetsübungen, die ich mit Eifer erledigte, ohne mich dabei seelisch ruhig zu fühlen. Noch am späten Abend entsann ich mich einer Kleinigkeit, die wohl gar keine Sünde war, mir aber in meiner Stimmung als solche erschien und die ich in der Beichte nicht erwähnt hatte. Da das Gewissen geradezu beängstigt war, ging ich noch abends auf das Zimmer des Superiors und erklärte, daß ich etwas zu beichten vergessen habe. Mit ernstem Gesicht zog er einen Schemel zu seinem Stuhle, hieß mich darauf niederknien, machte das Kreuzzeichen und nahm mein Bekenntnis entgegen, worauf er mir nach Auferlegung der Buße eines Vaterunsers die Absolution erteilte.

In jenen Tagen aber erwachte zuerst mein Bedenken gegen die Beichte überhaupt, zumal mir ein in Paderborn erschienener und wohl zunächst für Kinder bestimmter »Beichtspiegel« zur Hand kam, der mich bei klarer und ruhiger Erwägung geradezu zur Erkenntnis brachte, daß wer dies zusammengestellt, sich an der Jugend schwer versündige. Dieser Fragezettel war ganz dazu angetan, des Kindes Herz und Geist zu verwirren und geradezu unreine Gedanken in ihm zu erwecken. An der Hand der zehn Gebote und der Kirchengebote wird Frage auf Frage gehäuft. So heißt es betr. des sechsten und neunten Gebotes: »Ich habe über Unreines freiwillig nachgedacht. Wievielmal? Ich habe Unreines freiwillig angesehen. Wievielmal? Ich habe schmutzige Reden gern angehört. Wievielmal? Ich habe Unreines getan (allein oder mit anderen). Wievielmal? Ich habe Unreines an mir zugelassen. Wievielmal? Ich habe das Verlangen gehabt, Unschamhaftes zu tun. Wievielmal?« Gegen das siebente Gebot: »Ich habe genascht. Ich habe gestohlen. (Obst? Eßwaren? Schulsachen? Kleidungsstücke?) Wievielmal? Ich habe Geld weggenommen. (Wieviel? Den Eltern, Geschwistern oder anderen?) Ich habe gefunden. (Was?) Ich habe den Willen gehabt, anderen Schaden zuzufügen (an Büchern? An Kleidern? An Bäumen?) Wievielmal? usw.« Daß eine solche Behandlung der Beichte nicht im Sinne und Geiste des Heilands sein könne, wurde mir damals schon klar; ebensowenig aber konnten es Schilderungen des Fegefeuers und der

Hölle sein, die etwas später mir zur Hand kamen. So las ich betr. des Fegefeuers in einem Hefte, das in Oberbayern mit bischöflicher Genehmigung veröffentlicht worden war: »Die Glut des Fegefeuers ist so groß und die armen Seelen werden so arg gepeinigt, daß die arme Seele dort in einer Minute mehr leidet, als in vielen, vielen Jahren auf Erden. Seelen der Abgestorbenen, welche den noch auf Erden Lebenden erschienen sind (!), haben erklärt, daß eine Stunde ihnen wie hundert Jahre erscheine. – Von der Dauer abgesehen, gibt es keinen Unterschied zwischen den Qualen der Hölle und des Fegefeuers, wie der heilige Thomas von Aquin bezeugt, (der übrigens auch aussagt, daß das Feuer kein unstoffliches, sondern ein wirkliches und materielles sei). Je mehr Brennstoff, d. i. Sünden jemand hinüberbringt, desto länger und mehr wird er gebrannt, wie der heilige Bonaventura versichert. Die Schmerzen des Fegefeuers richten sich nach den begangenen Sünden, weshalb z. B. jener, der durch Fraß und Völlerei gesündigt hat, fasten und Hunger und Durst leiden muß.«

Auch über die Ablässe wurde in dem Hefte gesprochen: »Der Sohn Gottes hat all sein Blut in so reicher Fülle vergossen, daß von der Fußsohle bis zum Scheitel nichts Gesundes an ihm gefunden worden. Durch diese Blutvergießung hat er den unendlichen Schatz der Ablässe gestiftet, die die Päpste nach Gutdünken austeilen. Christus entläßt keinen aus dem Fegefeuer, wenn er nicht seine Schulden bis zum letzten Pfennig bezahlt hat. Ach, würde der liebe Ablaß nicht so reichlich verliehen, so würden wir wahrscheinlich nicht vor dem jüngsten Tage aus dem Fegefeuer erlöst.«

Von selbst drängte sich mir die Frage auf: Wie reimen sich diese Qualen mit dem Glauben an einen allgütigen Gott zusammen? Das wären raffinierte Qualen, wie nur eine perverse menschliche Phantasie sie aussinnen kann und Gottes unwürdig. Woher kennen übrigens Thomas von Aquin und der heilige Bonaventura das Fegefeuer so genau, von dem doch in der Heiligen Schrift nicht die Rede ist, und das sich kirchengeschichtlich wohl erst Jahrhunderte nach Christo findet? Und weiter: Was brennt denn eigentlich in diesem *wirklichen* Feuer? – Der sündige Leib? – Dieser ist doch begraben worden und zerfallen, die Seele aber ist nichts Materielles und kann doch von wirklichem Feuer nicht berührt werden. Mit einem anderen Leibe, dessen Substanz wir nicht kennen, ist jedoch nicht gesündigt worden, warum soll er für den sündhaften leiden? Substantiell aber müßte er doch sein, da von den »Händen« der armen Seelen gesprochen wird, sowie davon, daß sie mit Hunger und Durst bzw. mit Fasten gestraft werden. Das waren Widersprüche, über die ich mich nicht zu beruhigen vermochte, und diese innere Unruhe steigerte sich noch, als mir nachmals ganz zufällig das im Jahre 1838 in Augsburg erschienene Buch des Kapuzinermönchs P. Cochem über »Die vier letzten Dinge« in die Hände fiel, von dem man nicht glaubt, daß es ein Priester der Gottes- und Menschenliebe geschrieben habe. Das gilt besonders von der Schilderung der Hölle, die P. Cochem so genau kennt wie sein Klösterchen, und in der ihm kein Winkel fremd ist. Wie er zu dieser Kenntnis gekommen, verschweigt er, und man könnte meinen, daß der Teufel selbst ihn gelegentlich eingeladen habe, sich in seinem Bereiche umzusehen. Es ist ein Buch, das für keinen ehrlichen Diener Gottes vorhanden sein dürfte, höchstens als abschreckendes Beispiel, wie man nicht für die Religion der Liebe und für die wahre Kirche Christi wirkt.

P. Cochem weiß genau, daß die Hölle 50 Kubikmeilen groß ist, also Hunderttausende aufzunehmen vermag, zumal nicht jeder Verdammte sich beliebig frei bewegen kann, sondern alle zusammengedrängt sind, wie es enger unmöglich. In Feuersglut leiden alle; einige werden in Bratpfannen gebraten, andere an Bratspießen umgewendet, wieder andere in zerschmolzenem Blei, Eisen und Erz gesotten. In diesem glutflüssigen Erz sitzen einige bis an den Nabel, einige bis an die Brust, einige bis an den Hals und einige bis über den Kopf. (!) Ihre Eingeweide und Gedärme, Lunge und Leber, Beine und Rippen, Herz und Herzkammer sind mit Feuer angefüllt, gleichwie ein Schwamm, der im Meer liegt und durch und durch mit gesalzenem Wasser angefüllt ist. Wenn nun der arme Verdammte im feurigen Schwefel so lange gesotten, bis er durch und durch glühend geworden ist, so nehmen ihn die Teufel mit eisernen Haken heraus und werfen ihn wie einen Mühlstein mit großem Geschrei in einen gefrorenen Teich so tief hinein, daß ihm das Wasser hoch über dem Haupte zusammenschlägt. Der feurige Schwefelteich und der gefrorene Teich sind nahe beieinander, und weil die teuflischen Wüteriche die Verdammten aus einem Teiche in den anderen werfen, so ist ein solches rasendes Geschrei und Geheul daselbst, daß es auf hundert Meilen gehört werden könnte. Das höllische Wasser des gefrorenen Teiches selbst ist ganz faul, vergiftet und stinkend; es sind darin soviele giftige, abscheuliche Kröten, Schlangen und höllisches Ungeziefer, daß einem grauset, daran zu denken. Diese teuflischen Würmer aber tun nichts, als den Leuten das Blut aussaugen und ihnen das Fleisch vom Leibe abfressen. (!) Die Verdammten erhalten als Speisen (!) ganze Schüsseln voll geschmolzenen Pechs, Bleis, Schwefels, voll Kröten und giftigen Ungeziefers, und die Teufel schieben ihnen die scheußliche Nahrung in den Mund und gießen ihnen große Becher geschmolzenen Erzes und Gifts in den Hals.

So lehrt der katholische Pater Cochem im 19. Jahrhundert, und seine Ausführungen wimmeln, abgesehen von allem anderen, von oft geradezu naiven Widersprüchen und unsinnigen Angaben. Das alles erschütterte aber immer mehr meinen Glauben an die Wahrheit bezw. Reinheit der Lehre der »allein seligmachenden« Kirche, in der solches offen und mit bischöflicher Genehmigung gelehrt werden durfte, empfindlich und schaffte mir manche schwere Stunde, in der ich mich einsam quälte.

Nach dem Noviziat wurden wir Kleriker, und nun begann das Studium der Theologie, und es gab neue Enttäuschungen, denn es bot nicht das geringste für Geist und Herz. Die Professoren an der theologischen Hausanstalt, durchaus ehrenwerte Priester, versahen ihr Amt schablonenhaft, diktierten ihre (mehrfach lateinischen) Vorträge, die wörtlich auswendig gelernt werden mußten und die Sehnsucht weckten nach der Prager Hochschule, an die wir mit besten Erwartungen gingen, um dort die letzten vier Semester zu absolvieren. Aber auch sie bot uns nichts, was wenigstens ich erhofft hatte und wonach ich suchte.

Die theologische Fakultät hat nur einen ganz losen Zusammenhang mit der altehrwürdigen Karl Ferdinand-Universität in Prag, der ältesten deutschen Hochschule überhaupt; sie ist vielmehr eine erzbischöfliche Anstalt, an der es weder Lehr- noch Lernfreiheit gibt. Ich hatte mich in den wenig erquicklichen *Tepler* Studienjahren auf die Tage gefreut, da ich, zu den Füßen tüchtiger, geistvoller Lehrer, eine Fülle von Anregung und Wissen zu erhalten hoffte, aber schon die erste Zeit bekundete, daß nur die Personen sich geändert hatten. Das Schwören auf des Lehrers Worte und das Goethe'sche: »Was man schwarz auf weiß besitzt, kann man getrost nach Hause tragen«, waren auch hier völlig am Platze. Der Lehrstoff wurde vielfach vorgelesen bzw. diktiert, und die erste Tätigkeit des Studierenden bestand im Nachschreiben, die andere im Einlernen des Aufgeschriebenen, denn jede Stunde wurde wie in Mittelschulen examiniert, und es mußte wörtlich hergesagt werden, was das Gedächtnis aufgenommen hatte. Das hatte seinen Grund wohl auch darin, daß der alte Zopf verlangte, daß die meisten theologischen Disziplinen in lateinischer Sprache vorgetragen wurden. Vom Gymnasium brachte keiner ein derartiges Wissen mit, daß er sich mit Gewandtheit und Sicherheit in der fremden Sprache ausdrücken könnte, und so blieb bei der strengen Forderung nichts übrig, als wortgetreu auswendig zu lernen. Wenn man das durch vier Jahre lang trieb, konnte man die fremde, tote Sprache endlich radebrechen, aber oft in einer Weise, daß sich einem richtigen Philologen die Haare gesträubt hätten: Kirchenlatein! Und dabei wurde soviel Unnötiges, Unpraktisches und Unklares aus alter Gewohnheit und als leerer Ballast für das Leben geboten, daß der Hörer gar nicht über das rein Aeußerliche hinauskam und bei dem beständigen Memorieren ermüdet und verstimmt wurde; Herz und Verstand kamen dabei zu kurz, und die Freude an dem Beruf konnte so unmöglich gefördert werden. Das lag auch wohl zum Teil an den Lehrkräften, durchaus achtenswerten Männern, die aber mitunter selbst wenig Eigenes zu bieten hatten, die lateinische Sprache nur mangelhaft beherrschten und schon darum genötigt schienen, sich ihre Hefte zusammenzuschreiben, zu diktieren und wörtlich abzuprüfen. (Als besonders tüchtig galt unter den Lehrern der Professor der orientalischen Sprachen, der nachmals das Ordensgewand – er war Kreuzherr – ablegte und der Professor der Moraltheologie, ein

Zisterziensermönch des Klosters Ossegg, Sales Meyer, der zu den besonderen Beratern des Kardinal-Erzbischofs gehörte und nachmals Abt seines Stifts wurde.)

Auch das erzbischöfliche Seminar zeigte kein erhebendes Bild. Gleich Schulknaben wurden die Alumnen paarweise ausgeführt und hatten auch gemeinsame Speise-, Schlaf- und Studiersäle. In den letzteren sitzen die Schüler, jeder an seinem Pulte und studieren – nein, *lernen* – auf Kommando. Nicht, wenn es den Einzelnen drängt, sich geistiger Arbeit hinzugeben, nein, zu festgesetzter Stunde, ob auch Neigung und Stimmung eben fehlen, muß er darangehen, den Lehrstoff dem Gedächtnis einzuprägen. Dann herrscht Stille in dem weiten Raum, und das spähende Auge des Vorstehers forscht überall und sucht eventuell Kontrebande. Hier wird leider Strebertum und Heuchelei großgezogen, denn nicht jedem ist es gegeben, auf Befehl geistig zu arbeiten, und während manche in aufdringlicher Weise ihre Pflicht zu erfüllen scheinen, um die Gunst der Vorgesetzten zu gewinnen, lassen andere, die Augen auf ihr Buch gerichtet, die Gedanken in die Weite schweifen, oder wissen auch geschickt dem theologischen Buch ein anderes unterzuschieben. Die Art überhaupt, wie die zukünftigen Seelsorger ausgebildet wurden, gefiel mir nicht, denn so wenig die theologischen Vorträge dem Geiste gaben, so wenig gab die Seminarerziehung für Herz, Gemüt und gesunde Moral. Wieviele Berufslosigkeit lebt in diesen Räumen, und wieviele Berufsfreudigkeit wird darin wohl geradezu vernichtet! Diese Erziehung nach der althergebrachten einseitigen Schablone bildet wohl nur selten tüchtige und würdige Priester – sie müssen eben die Anlagen dazu mitbringen –, wohl aber oft Zeloten und Pharisäer. Jede Freiheit zu geistiger Betätigung, jede Entwicklung zur Selbständigkeit des Charakters wird unterbunden oder mindestens erschwert, ohne Welt- und Menschenkenntnis, ohne Umgangsformen, völlig einseitig gebildet, ohne Verständnis für die Forderungen einer geistig immer weiter schreitenden Zeit und für manches andere wird der junge Priester hinausgeschickt in das Leben, in dem er sich oft nicht zurecht zu finden weiß, und das mit seinen Versuchungen ihm um so verlockender erscheint, weil es ihm völlig neu ist.

Bei all diesen Eindrücken fühlte ich immer mehr das seit früher Jugend in mich Aufgenommene wankend werden, und die Erkenntnis rang sich immer mehr durch, daß im Laufe der Zeit die wahre Kirche Christi durch Menschenwerk verunstaltet worden sei, und ein stilles Sehnen nach ihrer Reinheit wollte mich erfassen. Oefter als vordem griff ich nach dem Neuen Testament, um mir daraus Trost zu gewinnen, aber mein Kämpfen und Ringen nahm eher zu. Doch wo sollte ich Hilfe finden in meinen stets neu aufsteigenden Gewissensnöten? Die Beichte konnte mir den Seelendruck nicht mindern, denn in den Beichtstühlen herrschte ein leerer Formalismus oder (wie bei Jesuiten) ein beunruhigender Fanatismus; mit Ordensbrüdern konnte ich mich nicht aussprechen, ohne mich nach einer oder anderen Hinsicht Mißverständnissen auszusetzen, und den Eltern gegenüber mußte ich erst recht schweigen, um die schlichten kirchengläubigen Menschen nicht im tiefsten Herzen zu beunruhigen.

So kam der bedeutsame, schwere Tag der feierlichen Profeß, an dem es galt, die bindenden Gelübde der Armut, der Keuschheit und des Gehorsams für das ganze Leben abzulegen. Wohl trat mir die Schwere dieses Schrittes ins Bewußtsein, aber über seine volle Bedeutung suchte ich nach bitterem Ringen mich selbst hinwegzutäuschen mit dem Gedanken an das Elternhaus, dem ich nun nicht mehr Freude und Hoffen, das auf mich gesetzt war, zerstören durfte, sowie mit der aus den Prager Verhältnissen geschöpften schwachen Beruhigung, daß mir der Trost der Musen und ein gewisses Maß geistiger Freiheit nicht fehlen werde, was vielleicht geeignet sein würde, schwere und bange Stunden zu erleichtern.

Der schwere Tag verlief, aber er sollte mir noch ungleich schwerere bringen. Keiner ist wohl an diesem sich völlig klar, was er auf sich genommen: Lebensunerfahrene, unreife Menschenkinder sind es, die wohl nur in seltensten Fällen von einem inneren höheren und reinen Drang geleitet werden, sondern meist getrieben sind von Gehorsam gegen die Wünsche der Eltern, von gedankenloser Erwartung einer guten Versorgung, ja wohl auch von dem leichtfertigen Vorsatz, das Leben nach Möglichkeit auch in diesen Verhältnissen zu genießen. Aber die fortschreitenden Jahre lassen innerlich reifen und manchen erkennen, in wieviel leeren Aeußerlichkeiten sich das Klosterleben bewegt, wie gar manchmal der blasse Schein an die Stelle des Wesentlichen tritt, wie Geist und Herz anfangen zu hungern, wie die berechtigte Sehnsucht erwacht nach freier Betätigung der Kräfte im Dienste der Menschheit und wohl auch nach friedlich schönem Familienglück. Die Ordensgelübde sollten nur von gereiften Männern, die über all das sich innerlich klar geworden und damit ins Reine gekommen sind, abgelegt werden, aber nicht von Unerfahrenen, die nicht als völlig moralisch gereift und frei gelten können für einen Schritt, der geeignet ist, Zufriedenheit und Glück eines Menschenlebens für immer zu vernichten, denn gar mancher – ich habe Belege dafür in Briefen, die mir später von unglücklichen Ordenspriestern zugingen – möchte wohl mit heißen Tränen seine Unterschrift auf dem entscheidenden Blatte auslöschen, aber der Orden kümmert sich nicht um die Beweggründe seines Eintritts, sondern hält sich an die Tatsache und vernichtet nicht, was er einmal besitzt. Dann lebt wohl mancher sich ein in Gleichgültigkeit, geht auf in materiellem Genuß, nimmt es mit den Ordensgelübden nicht peinlich genau und kommt allmählich zu einem weiten Gewissen, das ihm über vieles hinweghilft. Wer aber ein solches nicht besitzt noch es sich wünscht, und lieber die Fesseln zerreißt, die er in seiner Unerfahrenheit sich selbst angelegt, um ein ganzer

Mensch anstatt eines halben, d. i. bloß äußerlichen Mönchs zu sein – ist er darum schlecht und verworfen geworden? Hat er sich darum der Achtung unwert gemacht? Haben die mit dem weiten Gewissen, und darunter sind wohl die ärgsten Schreier, ein Recht, mit Steinen nach ihm zu werfen? – Die Kirche aber, die die Religion der Liebe lehrt, stößt ihn aus ihrer Gemeinschaft und legt ihren Fluch auf sein Haupt. Wenn jene, die ihn aussprechen, im Namen Gottes redeten, es wäre entsetzlich, doch der Verfehmte hat den schönen Trost, daß er es nur mit seinem Gewissen und mit dem ewigen Richter zu tun hat, der voll Vaterliebe alle Menschen umfaßt und den Fluch nicht kennt, mit dem man seinen Namen entehrt.

Solche Erwägungen stellten sich erst später bei mir ein, und resigniert ließ ich nach Jahresfrist die Priesterweihe über mich ergehn, die mir im Grunde neben der Profeß bedeutungslos erschien. Ich bemühte mich eben, mich mit meinem Schicksal abzufinden, und suchte vor allem Vergessen in der Beschäftigung mit Wissenschaften, da ich, vom Abt zum Gymnasiallehrer bestimmt, neben der theologischen auch die philosophische Fakultät der Hochschule besuchte und hier die erwünschten wertvollen Anregungen durch treffliche Lehrer erhielt; auch widmete ich mich bereits schriftstellerischer Tätigkeit, und hatte die Freude, für meine erste als Buch erschienene Novelle »Der Dorfengel« von dem Schweizer Piusverein mit einem Preise ausgezeichnet zu werden.

Da trat ein Ereignis ein, das mich wiederum mächtig erregte und alles wieder in mir weckte, was ich niedergekämpft zu haben meinte, so daß es gewaltiger als je in mir aufloderte. Das Jahr 1870 brachte in kirchliche Kreise eine bedeutende und nicht unberechtigte Erregung durch die Erklärung von der *Unfehlbarkeit des Papstes.* Seit 300 Jahren hatte die Welt nicht mehr das Schauspiel eines ökumenischen Konzils gehabt, und nun waren die Bischöfe der ganzen Welt zu einem solchen nach Rom eingeladen worden. Um was es sich dabei in der Hauptsache handelte, konnte nicht lange verborgen bleiben und schuf schwere Unruhe. Man bemühte sich, von zuständiger Seite sie zu beschwichtigen mit dem Hinweis, daß in kirchlichen Kreisen die Ueberzeugung herrsche, daß ein Glaubenssatz nur Geltung erlangen könne, wenn er von einer Kirchenversammlung einstimmig oder mindestens nahezu einstimmig beschlossen werde. In anderem Falle bleibe der beantragte Satz nur eine Lehrmeinung und könne kein Dogma werden, da das, was man bei Verlust der ewigen Seligkeit zu glauben habe, nicht einer bloßen und zufälligen Majorität seine Entstehung verdanken könne. Auch die in Fulda versammelten deutschen Kirchenfürsten veröffentlichten eine Kundgebung, deren Sinn war: Man solle ruhig sein und Gott vertrauen – es werde in dem bevorstehenden Konzil keine neue Lehre aufgestellt werden. In gleicher Weise hatte sich der Prager Erzbischof geäußert, und auch der angesehene Lehrer des kanonischen Rechts an der juristischen Fakultät der Prager

Hochschule, Professor Dr. Schulte, ein gutgläubiger Mann, hatte ein solches Dogma als unmöglich und unannehmbar erklärt. Ebenso hatte Professor Sales Meyer sich dahin geäußert, daß ein solcher Glaubenssatz aus historischen, dogmatischen und moralischen Gründen ganz undenkbar sei.

Und doch geschah, was unmöglich geschienen hatte. Wohl protestierten in der St. Peterskirche in stürmisch erregter Sitzung zahlreiche Kirchenfürsten gegen die aufgezwungene neue Geschäftsordnung, nach welcher eine einfache Majorität über die wichtigsten kirchlichen Fragen entscheiden sollte, vergebens wies der kroatische Bischof Stroßmair, der gewaltigste Redner des Konzils, ein geistvoller und gelehrter, ehrlicher und kluger Mann, der das Latein wie seine Muttersprache beherrschte, darauf hin, daß, wo es sich um das Seelenheil von Millionen handle, unmöglich der Zufall eventuell einer einzigen Stimme den Ausschlag geben dürfe, da man doch nicht annehmen könne, daß bei etwa 700 Bischöfen und Prälaten der Heilige Geist gerade 351 erleuchten und 349 die Erleuchtung versagen sollte; eine solche Annahme wäre Gotteslästerung. – Der 13. Juli brachte die Entscheidung: Von etwa 600 Kirchenvätern hatten 70 gefehlt, 88 hatten mit »nein«, 62 mit »ja unter Vorbehalt« gestimmt, die anderen 386 aber hatten den neuen Glaubenssatz angenommen, und das genügte, ihn als Dogma zu verkünden. Fünfzig Redner waren noch eingeschrieben gewesen, als die Debatte einfach für beendet erklärt wurde; die Majorität der italienischen Bischöfe gab den Ausschlag, aber man durfte wohl fragen: Mit welchem Recht? – Der ganze Kirchenstaat zählte nicht so viele Seelen, wie allein die Diözese des Prager Erzbischofs, war aber beim Konzil durch 143 Bischöfe vertreten; dazu kamen 100 Bischöfe in partibus infidelium und etwa 200 Titularbischöfe, die nicht einmal dem Namen nach eine Diözese besaßen. Ganz Deutschland aber hatte nur 14 Kirchenfürsten nach Rom schicken können, und obwohl dieselben viele Millionen von Gläubigen vertraten, galt ihre Stimme nicht mehr als die eines Titularbischofs, und selbst diese 14 hatten nicht den Mut und die Festigkeit, für das, was sie als recht erkannten, einzutreten und blieben lieber der zweiten und entscheidenden Abstimmung vom 18. Juli fern.

Nun drängte sich von selbst die Frage auf: Würden sie sich ganz ruhig fügen und annehmen, was ihnen zuvor als unannehmbar galt? Wie würden sich Männer wie Sales Meyer verhalten, die vordem geradezu erklärt hatten, daß historische, dogmatische und moralische Gründe gegen das neue Dogma sprächen? – – – Für sie alle galt zuletzt das Wort: Rom hat gesprochen, und sie unterwarfen sich bedingungslos, tausend Gemütern aber erwuchs innerer Zwiespalt und Qual, um so mehr, als es höchst ehrenwerte Männer gab, die ihre Ueberzeugung nicht preiszugeben vermochten und nicht mit einmal recht und billig finden konnten, was – ohne daß sich an der Begründung etwas geändert hätte – vordem unrecht und unbillig für einsichtsvolle und gut kirchliche Männer gewesen war: Professor Schulte, Propst Döllinger u. a. beugten sich nicht und wurden nachmals Führer der altkatholischen Bewegung. All das zerwühlte mir in jenen Tagen die junge Seele und drängte mich in einen schweren inneren Kampf. Eines war mir völlig klar: Daß der neue Glaubenssatz für mich niemals gelten könne nach den vorausgegangenen Erklärungen maßgebender Männer. Mir war, als sei mir etwas Wertvolles zerbrochen worden; wie in einem bösen Traum ging ich einher mit heißer Stirn und müdem Leib. Mein ganzes Empfinden lehnte sich auf gegen den von Rom geübten Zwang, und mir war, als müßte ich bei einer gläubig stummen Hingabe selbst mitverantwortlich werden für die Folgen der Neuerung, nach welcher die katholische Kirche und der Papst geradezu identisch wurden, so daß dessen alleinige Aussprüche Geltung haben sollten in allen Glaubenssachen, auch wenn sie dem Empfinden der Besten widersprechen und der Kirche nicht zum Segen sind. Ich mußte an den im Jahre 1864 veröffentlichten »Syllabus« denken; auch dort hat der Papst als Lehrer gesprochen, auch damals müßte er unfehlbar gewesen sein, und wieviel berechtigten Widerspruch hat er hervorgerufen! Es wäre mitunter mehr als bedenklich, wenn die Sätze des Syllabus wirklich göttliche Geltung hätten; sie müßten geradezu den Seelenfrieden Tausender vernichten und den Haß an Stelle der Liebe setzen.

In meiner Herzensangst griff ich nach der Kirchengeschichte. Ich wußte wohl, daß es sich nicht darum handelt, ob der Papst eine sittlich tadellose Persönlichkeit sei oder nicht; was er in Glaubenssachen bestimmt, soll damit nichts zu tun haben; aber muß nicht doch ein Bedenken kommen, daß ein sittenloses und geistig unbedeutendes Oberhaupt der Kirche seine Meinung diktatorisch über die der Besten, Frömmsten und Einsichtsvollsten setzen könne? Und die Geschichte kennt auch lasterhafte Päpste – hier hilft kein Leugnen und Verheimlichen –, und auch sie müssen unfehlbar gewesen sein, wenn es überhaupt der jeweilige Inhaber des päpstlichen Stuhles ist. Wie erklären sich aber in solchen Fällen geschichtliche Widersprüche? Die Kirchenversammlung in Nicäa verurteilte die Lehre der Arianer als Ketzerei, und Papst Liberius bestätigte dies. Als man ihm einen Gegenpapst aufstellen wollte, den der Kaiser begünstigte, gab er eine Erklärung ab, die sich eigentlich mit der Arianischen »Ketzerei« deckte, nur um seinen Sitz nicht zu verlieren. Welcher Liberius war unfehlbar? – Papst Vigilius, der Gegenpapst des heil. Silverius, tat vor einem Konzil Widerruf früher gemachter Aussprüche und bezeichnete sich selbst als Werkzeug des Satans. Mag sein, daß man behauptet, er habe die dreifache Krone nicht mit Recht getragen – doch läßt sich das nicht von Papst Honorius sagen, der in Christus nicht zwei Willen, einen göttlichen und menschlichen, sondern nur einen göttlichen gelten ließ. Er wurde als Ketzer von einigen Konzilien und von seinem eigenen päpstlichen Nachfolger verflucht. War dieser unfehlbar, oder war es Honorius? Auf beiden sich widersprechenden Seiten kann die Unfehlbarkeit nicht stehen. Und wie häufig finden sich gleichzeitig zwei Päpste, die sich auf das ärgste befehden, und die Christenheit weiß nicht, wer recht hat, und die Gemüter der Gläubigen kommen in bitteren Zwiespalt, zumal wenn der von Staatsgewalten anerkannte und in Rom residierende der sittlich minder würdige ist. Wer darf sich dann von den Gegnern und Streitern um den heiligen Stuhl unfehlbar nennen? Und zuletzt: War es notwendig, dies Dogma aufzustellen, nachdem die Kirche mehr als 1800 Jahre ohne dasselbe bestanden hat, und eine tiefe Beunruhigung in gläubige Gemüter hineinzutragen – und es sind wohl nicht die Schlechtesten, die beunruhigt werden.

Was ich in jenen Tagen durchstritten und durchlitten habe, vermag nur der zu verstehen, der es an sich selbst erfahren, und daß es noch manchen solchen im Priesterkleide gab, ist wohl außer Zweifel. Immer lastender aber lag die Erkenntnis auf mir, daß ich mit dieser geistigen Unfreiheit und dem schweren Zwiespalt in der Seele für das ganze Leben unglücklich werden müsse. Wollte ich vor mir selbst als ehrlicher Mensch bestehen, so mußte ich die Fesseln lösen, ehe ihr Druck mich erwürgte oder mich in jene Gleichgültigkeit zwang, die mich bei anderen abstieß. Damals habe ich in manch schlafloser Nacht mich gequält mit Zukunftsbildern und nach einem Rettungswege ausgeschaut aus banger Seelennot, habe wohl auch vor dem Kreuz auf dem Betschemel gekniet und den Himmel selbst um ein Zeichen angefleht, das wie ein Stern in meine Nacht hineinleuchten sollte.

Damals aber stieg auch immer lebhafter in mir der Gedanke auf von der Notwendigkeit einer Erneuerung der Kirche Christi im Sinn des einzig wahren Evangeliums, einer Erneuerung, die mit allem aufräumte, was im Lauf der Zeit geradezu Unchristliches hineingetragen ward, was der Heiland niemals gelehrt hatte und nie gewollt haben konnte. Und da ging mir durch den Sinn, daß schon vor Jahrhunderten eine solche Erneuerung erfolgt war – die Reformation des Augustinermönchs *Martin Luther*. Wenig genug war mir davon bekannt, und auch das nur in der einseitigen Beleuchtung katholischer Lehrer, für die Luther ein verwerflicher Ketzer war, dessen Namen man nur mit Verachtung, ja Gehässigkeit nannte. Zum ersten Male erschien mir dieser Mann wie in anderem Lichte, und mich erfaßte das lebhafte Verlangen, näheres von ihm und seiner Lehre kennenzulernen. Ich las mit Eifer, was immer ich über ihn und sein Werk in Prager Bibliotheken finden konnte, und sein Bild begann sich für mich immer mehr zu klären und seine Lehre mich wie mit gesundem Hauche anzuwehen. Aber noch sah ich keinen Weg, um zu ihm zu gelangen, nur das Eine wurde mir immer mehr klar, daß ich im Ordensleben für immer unglücklich werden müßte, da ich meine Pflichten nicht ohne Sünde zu üben vermöchte, und daß der Glaube, in dem ich aufgewachsen, für immer auf das Tiefste erschüttert war.

Da starb meine Mutter, deren Wunsch und Drängen zumeist mich in das Kloster geführt, und mir war es, als würde ich damit von einer widerwillig übernommenen Verpflichtung befreit. In meiner verzweiflungsvollen Verlassenheit schaute ich immer sehnender nach einer Erlösung aus meiner Seelennot aus. Angesehene Persönlichkeiten hatten sich der neuen kirchlichen Bewegung des Altkatholizismus angeschlossen, und auch ich erwog den Gedanken, dem altkatholischen Bekenntnis beizutreten, aber nähere Erwägung ließ mich erkennen, daß dies im Grunde nur eine Halbheit wäre, die mich nicht zu befriedigen vermöchte. Vor allem aber galt es die Bande zu lösen, die mich an Ordensleben und Ordenssatzungen fesselten, doch wie sollte das geschehen? Ich hatte nicht die mindesten Beziehungen, die mir hätten helfen können, war völlig unerfahren der Welt gegenüber und auch ohne alle materiellen Mittel, um mich selbst nur für kurze Zeit über Wasser halten zu können.

Da erfuhr ich, als ich eben meine Ferien in Stift Tepl verlebte, daß sich in Marienbad Herzog Ernst II. von Coburg-Gotha aufhalte. Ich weiß nicht, weshalb mir bei diesem Namen das Herz aufging. Ich hatte mich wenig um Politik gekümmert, kannte auch nur wenig von den Verdiensten des volkstümlichen deutschen Fürsten um die Förderung und Erneuerung deutschen Wesens und Strebens, aber bekannt war doch sogar mir der gesunde Idealismus seiner Persönlichkeit, sein lebhaftes Interesse an Kunst und Wissenschaft und das Wohlwollen, mit dem er bedrängten Geistern ein Asyl in seinem Lande gab, und da faßte ich den Vorsatz, mich an ihn zu wenden, ihm offen und ehrlich mein Kämpfen und Ringen, mein Leben und Streben vorzutragen und mein Geschick in seine Hand zu legen. Und der Vorsatz wurde zur Tat. Unbekannt mit den höfischen Bräuchen und der Ausdrucksweise hoher Kreise schrieb ich, wie es mir um's Herz war, schlicht und voll Naivität und bat, mir, wenn möglich, in seinem Lande und seinem Dienste eine meinen Fähigkeiten entsprechende bescheidene Stellung zu geben, die mich Mensch unter Menschen sein und meine Kräfte mit Freudigkeit für eine zusagende Tätigkeit einsetzen ließe.

Die Antwort kam; sie war gütig und verständnisvoll, aber sie kam meinem Hoffen und Wünschen nicht entgegen und bereitete mir mit dem Hinweis, daß keine geeignete Stelle offen sei, eine herbe Enttäuschung. Doch die Spannkraft der Jugend, die drängende Stunde halfen darüber hinweg, und das Schreiben selbst brachte mir einen neuen Hoffnungsschimmer. Es kam aus dem Geheimkabinett des Herzogs und war unterzeichnet von dem Kabinettsrat Dr. Tempeltey. Eduard Tempeltey! Bei diesem Namen trat mir die poetisch schöne Tragödie »Klytemnestra« vor den Geist, die Gestalten seines packenden Werks: »Hie Welf – hie Waiblingen!« schienen vor mir lebendig zu werden – hatte ich doch vor nicht langer Zeit gerade diese Schöpfungen eines echten Dichters gelesen –, und der Dichtername erschien mir wie eine Verheißung. Wenn ich Eduard Tempeltey persönlich nahetreten, wenn ich mich ihm vertrauensvoll offenbaren dürfte, sollte der Dichter nicht Verständnis haben für das Ringen eines jungen vertrauenden Herzens, sollte nicht durch sein wohlwollendes Entgegenkommen dennoch der Weg zu seinem erlauchten edlen Herrn gefunden werden können? – Es gab für mich kein langes Zaudern und Erwägen mehr; mein Erstlingswerk »Der Dorfengel«, um dessen Annahme ich, wenn möglich, Herzog Ernst persönlich ersuchen wollte, sowie mein bereits erworbener philosophischer Doktortitel hoben mir Selbstvertrauen und Mut, und so trat ich meine Ferienreise an nach Deutschland, von der ich nicht mehr in das Kloster zurückkehren sollte.

Gottes Sonne lachte über dem freundlichen Coburg, als ich hier ankam, und ich nahm es als gute Vorbedeutung. Mein Hoffen auf Dr. Tempeltey wurde nicht enttäuscht; er vermittelte in liebenswürdiger Weise eine Audienz bei dem Herzog, die mir unvergeßlich bleibt, wie auch der hohe Herr noch nach Jahren nach seiner Versicherung mit Vergnügen daran dachte, da eine solche Begegnung auch ihm wohl selten vorgekommen war. Unbekannt mit den Bräuchen des Hofes, ja selbst an meinem Aeußeren nicht hofmäßig, trat ich vor ihn, und ohne seine Anrede abzuwarten, ließ ich mein Herz auf die Lippen treten, und als ob ich ihn schon längst gekannt, berichtete ich eifrig und lebhaft, warum ich käme, welche Seelenkämpfe ich in meinen jungen Jahren durchstritten, wie verlassen ich sei und nichts weiter suche, als eine Scholle, auf der ich als Mensch menschlich leben, fühlen, schaffen und frei von geistigem Zwange sein dürfe. Warm und herzlich entgegnete er, und ich vergaß beinahe, daß ich mit einem regierenden Fürsten rede und vermeinte, es sei ein älterer Freund voll schöner Teilnahme. Als er mich nach längerer Zwiesprache huldvoll entließ, geschah es mit dem Hinweis, mich nach Gotha zu begeben und mich bei dem Ministerium vorzustellen, das von meinem Kommen unterrichtet werden würde. Hatte ich auch nichts Bestimmtes erreicht, so blieb doch gleichsam ein leuchtender Schimmer in meiner Seele, denn in der Tat war ich in jener Stunde eigentlich am Wendepunkt meines Lebens angelangt, und was ich erreicht habe und geworden bin, führe ich auf sie zurück mit dem Gefühl heißen Dankes für den gütigen Fürsten, der mir sein Wohlwollen bis an seinen Tod bewahrte.

Am nächsten Morgen fuhr ich nach Gotha. Da sah ich zum ersten Male die Wartburg niederschauen in das schöne Land, und geschichtliche Erinnerungen mancher Art erwachten. Da trat auch die Gestalt Martin Luthers lebhafter vor meinen Geist, und plötzlich entstand in mir der heftige Drang, meine Fahrt zu unterbrechen und das Burgjuwel Thüringens kennenzulernen. Bald sah ich aus der freundlichen Restaurationshalle hinab in das weite, waldgrüne Gelände, durchschritt Säle und Hallen, und stand endlich seltsam ergriffen in dem kleinen, schlichten Raume, in dem einst der glaubensstarke deutsche Mann als auf seinem Patmos gewohnt und die Bibel übersetzt hatte. An diesem Tische, auf dem meine Hand ruhte, hatte er gesessen, an dem Fenster, aus dem ich hinausblickte in das liebliche Land, hatte er gestanden -- es umwehte mich wie ein Hauch seines Geistes mächtig und ergreifend; hatte er doch unter ungleich schwierigeren Verhältnissen einen ähnlichen Kampf durchstritten, wie ich ihn kämpfte, war trotz Acht und Bann siegreich geblieben und hatte sogar eine Erneuerung gebracht im Glauben, die in Millionen Herzen weiterlebte. Ich habe nachmals aus verschiedenen interessanten Anlässen die Wartburg besucht, aber niemals jene Erhebung mitgenommen, wie damals aus der kleinen Lutherstube. Mit gehobener Seele, freudigen und zuversichtlichen Sinnes schritt ich talabwärts; mir war, als habe ich einen Helfer gewonnen in meinem Kampfe, der mich jetzt schon zu erlösen schien aus meinen Seelenängsten, und ich gab mich der schönen Erwartung hin, auch weiter den Weg zu ihm zu finden.

Wohl fand sich auch in Gotha zunächst keine Stellung für mich, und die Losung lautete: Abwarten – aber eines vermochte ich nicht aufzuschieben: Mochte es kommen, wie es wolle – es gab kein Zurück mehr für mich, und so schrieb ich an den Abt von Tepl und teilte ihm meinen Austritt aus der klösterlichen Kongregation mit. Ich tat es mit schwerem Herzen um des edlen, guten Mannes willen, den ich aufrichtig verehrte und dem wehe zu tun mir hart ankam; ich öffnete ihm meine ganze Seele und ließ ihn hineinschauen in die bangen schweren Kämpfe, die ich durchstritten, und die mich endlich zu dem Entschluß führten, lieber ein guter, ehrlicher Mensch, als ein schlechter, unehrlicher Mönch zu sein.

So war das Band mit der Vergangenheit zerrissen, und mit Mut und Vertrauen sah ich in die dunkle Zukunft, nur einigermaßen besorgt wegen der sehr bescheidenen Mittel, die mir zu Gebote standen. Ich hatte weder Meßstipendien unterschlagen noch mir einen Vorschuß zahlen lassen, wie das führende klerikale Blatt Oesterreichs, die Wiener »Reichspost« in einem verleumderischen Schmähartikel erzählte, sondern nur geringe Ersparnisse, so daß ich mein Mittagsmahl in der »Herberge zur Heimat« unter fahrenden Handwerksburschen zum Preise von 25 Pfennigen einnahm; aber ein gütiger Himmel half auch hier. Ich hatte mich u. a. dem Generalsuperintendenten Dr. Petersen vorgestellt, der mich mit zuvorkommender Höflichkeit empfing und selbst in das Haus des Hofpredigers Dr. *Gustav Schweitzer* als einen »Protegé Seiner Hoheit« einführte. Dies Haus ist mir nachmals eine zweite Heimat geworden. Zum ersten Male lernte ich ein evangelisches geistliches Haus kennen, und es wehte mich wohlig daraus an. Dr. Schweitzer hatte vordem mit hundert anderen deutschen Jünglingen (wie Fritz Reuter) den Traum von deutscher Freiheit geträumt und dafür auch sein Martyrium gehabt. Er hatte sich jahrelang als unstäter Wanderer durch die Welt geschlagen, hatte in Deutschland keine Stätte gefunden, um seinen Herd zu bauen, hatte sogar die Gastfreundschaft Dänemarks suchen müssen, bis der edle Herrscher von Coburg-Gotha ihm ein Asyl gab. Und hier wirkte er in seiner menschenfreundlichen Art, von der sich manches berichten ließe. Er war ein Priester nach dem Herzen Gottes, der Gottes- und Menschenliebe vereinte und in seiner Gattin dabei die treue und gütige Gefährtin und Helferin fand. Lebhafter als je erkannte ich den Irrtum des katholischen Priesterzölibats, das, abgesehen von den gar oft geradezu unsittlichen Folgen, den Geistlichen in seiner Gemeinde vereinsamt, ihn für manches in derselben ganz ohne Verständnis läßt, ihn seinem Volke und Staate entfremdet und in tausend Fällen unglücklich macht. Hier war Glück und Frieden im Hause, hier herrschte edle Gastlichkeit, und manches junge Menschenkind hat dies gleich mir erfahren, der nachmals wie ein lieber Verwandter aufgenommen und gehalten wurde, und der in einem freundlichen kleinen Gemache des Hauses sein erstes Werk auf deutschem Boden, den Roman eines Wissenden »Der Klosterzögling« schrieb. (Jena, Costenoble.)

Es lag nahe, ja es war mir ein Bedürfnis, daß ich in Gotha den evangelischen Gottesdienst besuchte, und er machte gleich beim ersten Male einen tiefen Eindruck auf mich. Die schlichte Einfachheit wirkte gegenüber dem äußeren Prunk des katholischen Gottesdienstes stimmungsvoll; die auch für den schlichten Mann verständliche Liturgie in deutscher Sprache war anheimelnd gegenüber den kalten lateinischen Lippengebeten, und der allgemeine Gesang der andächtigen Gemeinde hatte etwas Ergreifendes und Erhebendes. Immer mehr zog es mich zu dem evangelischen Bekenntnis, zumal ich ja aus der katholischen Kirche ausgeschlossen und infolge meines Austritts aus dem Kloster exkommuniziert, aber andererseits nicht geneigt war, als konfessionslos zu gelten. Ich unterhielt mich über die Angelegenheit mit Dr. Schweitzer, der, weit entfernt von Proselytenmacherei, wohl erkannte, daß ich ein Wahrheitsucher sei, den es fast unbewußt zu der Erkenntnis drängte, daß Luthers Werk dem christlichen Glauben wie dem deutschen Wesen entspreche. Auf Spaziergängen mit meinem wahrhaft väterlichen Freunde wurden in ruhiger Weise und frei von dem kleinsten gehässigen Hauche religiöse Fragen und konfessionelle Unterschiede erörtert, und endlich kam der Tag – es war der 28. August 1872 –, an dem ich in der Schloßkirche den Uebertritt zum evangelischen Bekenntnis vollzog und das heilige Abendmahl empfing. Es war eine schlichte, stille Feier, der außer dem Ehepaar Schweitzer nur noch zwei Zeugen beiwohnten, aber das Herz schlug mir ruhig und glücklich, so ganz anders, als da ich in Tepl die bindenden Gelübde sprach.

Die klerikale Presse wußte in ihrer gehässig verläumderischen Art ihren Lesern später, bei Gelegenheit ihres ganz unwürdigen Kampfes gegen mein

Schauspiel »Die Brüder von St. Bernhard«, dessen Tendenz auch nicht im mindesten »Los von Rom!« ist, zu berichten, daß ich meinen Austritt aus dem Kloster bereue und ganz unglücklich sei. Ich kann demgegenüber nur immer wiederholen, daß ich auch nicht eine Minute meinen Schritt bereut habe bzw. bereue, und daß ich an der Seite eines lieben, guten und treuen Weibes, das verständnislos im Beichtstuhl ausgeübter Fanatismus eines jungen Kaplans ebenfalls zur Lehre Luthers geführt hatte, ein wahres, schönes und ungetrübtes Glück genoß, bis sie der Himmel mir nahm, zwei Jahre vor unserem goldenen Ehejubiläum. Die Zuschriften aber von katholischen Priestern, die mich um Rat und Hilfe baten in ähnlichen Nöten, wie ich sie durchgekämpft, ließen mich stets aufs neue dem Himmel danken, daß er mich den Weg finden ließ zu Martin Luther.

---

9 789356 710191

Printed at Repro India Ltd.